Bibliografische Information der Deutschen Nationalbibliothek:

Die Deutsche Bibliothek verzeichnet diese Publikation in der Deutschen National-bibliografie; detaillierte bibliografische Daten sind im Internet über http://dnb.d-nb.de/ abrufbar.

Impressum:

Copyright © 2020 GRIN Verlag
Druck und Bindung: Books on Demand GmbH, Norderstedt Germany
ISBN: 9783346139030

Dieses Buch bei GRIN:

https://www.grin.com/document/535285

Sven Schmid

Trainingslehre. Erstellen eines Trainingsplans zur Steigerung der Ausdauer

GRIN Verlag

GRIN - Your knowledge has value

Der GRIN Verlag publiziert seit 1998 wissenschaftliche Arbeiten von Studenten, Hochschullehrern und anderen Akademikern als eBook und gedrucktes Buch. Die Verlagswebsite www.grin.com ist die ideale Plattform zur Veröffentlichung von Hausarbeiten, Abschlussarbeiten, wissenschaftlichen Aufsätzen, Dissertationen und Fachbüchern.

Besuchen Sie uns im Internet:

http://www.grin.com/

http://www.facebook.com/grincom

http://www.twitter.com/grin_com

Einsendeaufgabe

Fachmodul: Trainingslehre 2

Studiengang: Bachelor of Arts Fitnessökonomie

Datum
Präsenzphase: 07.01.2020 – 09.01.2020

Name, Vorname: Schmid, Sven

Studienort: **Stuttgart**

Semester: **WS 2018**

Inhaltsverzeichnis

1   Diagnose

1.1   Allgemeine und biometrische Daten

Bei dem Erstgespräch wurden alle Daten, die für die weitere Trainingsplanung relevant sind, gesammelt und dokumentiert. Diese wurden in der nachfolgenden Tabelle zusammengefasst.

Tabelle 1: Allgemeine Daten

Alter	24
Geschlecht	männlich
Körpergewicht	72 kg
Körpergröße	1,80 m
Trainingsmotive	Er ist Radsportler und möchte sich auch im Winter intensiv auf die nächste Saison vorbereiten und in der kalten Jahreszeit keinen Leistungsverlust erleiden und stärker in die nächste Saison gehen.
Berufliche Tätigkeit	Dualer Student (Fitnessökonomie)
Aktuelle sportliche Aktivität	Seit 12 Jahren Radsport (Mountainbike) im Verein. 3x Wöchentlich Training 60-120 min von April bis November. Im Winter 1x in der Woche 60-90 min. 10-15 Wettkämpfe jährlich im Amateurbereich (1-2h). Geht Sporadisch Laufen (alle 2-3 Wochen für 30-45 min.)
Frühere sportliche Aktivität	Von 5-7 Jahren im Fußballverein gewesen
Zeitliche Verfügung	3-4x die Woche für 1-2h
Gesundheitszustand	Keine Körperlichen Einschränkungen und keine regelmäßige Einnahmen von Medikamenten. Keine internistischen oder orthopädischen Probleme.
Derzeitiger Leistungsstand	Fortgeschrittener

Außerdem sollten die biometrischen Daten des Probanden überprüft werden, um eventuelle Risiken auszuschließen. Dazu kann man die Trainierbarkeit besser einschätzen und eine geeignetes Testverfahren auswählen. Die Ergebnisse sind in nachfolgender Tabelle aufgeführt.

Tabelle 2: Biometrische Daten

Test	Testwerte	Normwerte	Auswertung
Blutdruck	115/76 mmHg	Normwerte nach WHO, siehe Abbildung 1	Der Blutdruck liegt im Optimalbereich
Ruhepuls	49 S/min	Normwerte für Erwachsene nach (Weineck, 2003): 60-80 Schläge pro Minute, jedoch haben gut trainierte Sportler deutlich niedrigere Pulswerte.	Der Ruhepuls liegt unter den Normwerten. Dies ist aber bei gut trainierten Sportlern normal.
Körperfettanteil	10%	Normalbereich zwischen 20 und 39 Jahren liegt bei 8-20% (Gallagher, et al.,2000)	Körperfettanteil liegt im Normalbreich.
Body-Mass-Index	22,2	18,5 - 24,9 ist Normalgewicht, siehe Abbildung 2	Der Proband hat Normalgewicht

Abbildung 1: Einteilung der Blutdruckwerte nach der WHO (eigene Darstellung)

	systolisch (mmHg)	diastolisch (mmHg)
optimaler Blutdruck	< 120	< 80
normaler Blutdruck	120-129	80-84
hoch-normaler Blutdruck	130-139	85-89
milde Hypertonie (Stufe 1)	140-159	90-99
mittlere Hypertonie (Stufe 2)	160-179	100-109
schwere Hypertonie (Stufe 3)	>= 180	>= 110

Abbildung 2: BMI Werte nach nach WHO (eigene Darstellung)

BMI	Nutritional status
Below 18.5	Underweight
18.5–24.9	Normal weight
25.0–29.9	Pre-obesity
30.0–34.9	Obesity class I
35.0–39.9	Obesity class II
Above 40	Obesity class III

1.2 Leistungsdiagnostik/Ausdauertestung

Um einen Trainingsplan für einen Kunden zu erstellen, ist es erforderlich seinen aktuellen Leistungsstand zu kennen. Hierzu wird eine Leistungsdiagnostik mit einem ausgewählten Testverfahren durchgeführt. Dieses Testverfahren ist außerdem wichtig, um nach dem Trainingszyklus einen Re-Test durchführen zu können. So hat man einen Vorher/Nachher Vergleich.

Für verschiedene Leistungsgruppen gibt es verschiedenen Testverfahren. Ältere Personen oder weniger leistungsstarke Personen, untrainierte Frauen oder Übergewichtige eignen sich für den WHO Test. Der Hollmann-Venrath Test zielt eher auf normal leistungsstarke Männer, trainierte ältere Personen oder trainierte Frauen ab. Für ambitionierte Personen, die gut trainiert sind oder Leistungssport betreiben, eignet sich der Vita-Maxima Test. Dieser wird von dem Probanden durchgeführt.

1.2.1 Begründung der Testauswahl

Da die Testperson bereits seit 12 Jahren aktiv Radsport betreibt (Tabelle 1) und somit sehr wahrscheinlich einen guten Leistungsstand besitzt, wird der Vita-Maxima Test zur Leistungsdiagnostik verwendet. Dies ist auch an seinem Ruhepuls unter dem Normwert und einem sehr guten Blutdruck zu erkennen (Tabelle 2).

Dadurch dass der Proband mehrere Jahre Wettkampf Erfahrung hat, kann man auch davon ausgehen, dass er sich vollständig ausbelasten kann. Der WHO Test kommt nicht in Frage, da er für Ältere oder Leistungsschwächere ist. Beim H&V Test ist es sehr wahrscheinlich, dass der Proband beim Erreichen der Pulsobergrenze (180-24=156) noch nicht vollständig ausbelastet ist.

1.2.2 Durchführung des Vita-Maxima Tests

Tabelle 3: Durchführung Vita Maxima Test

Vita-Maxima Test			
Parameter			
Geschlecht	Männlich	Eingangsbelastung	50 Watt
Alter	24 Jahre	Belastungssteigerung	50 Watt
Gewicht	72kg	Stufendauer	3 min
Ruhepuls	51 S/min	Trittfrequenz	80-100 U/min
Leistungsstufe	Gut trainiert	Ausbelastung	min. 176 S/min
Testprotokoll			
Zeit	Watt	Hf 1	Hf 2	Hf 3
0-3 min	50 Watt	108	113	118
4-6 min	100 Watt	128	126	128
7-9 min	150 Watt	137	143	147
10-12 min	200 Watt	168	166	172
13-15 min	250 Watt	179	180	184
16-18 min	300 Watt	189	191	192
19-21 min	350 Watt	Testabbruch bei Eingang der Stufe - 193		

Auswertung	
Watt gesamt	300
Watt/kg	4,16 Watt/kg Körpergewicht (4-5 Watt/kg = Freizeit+Breitensportler)
Ausbelastung	193 – Der Proband wurde maximal ausbelastet

Abbildung 3: Auswertung Vita Maxima Test

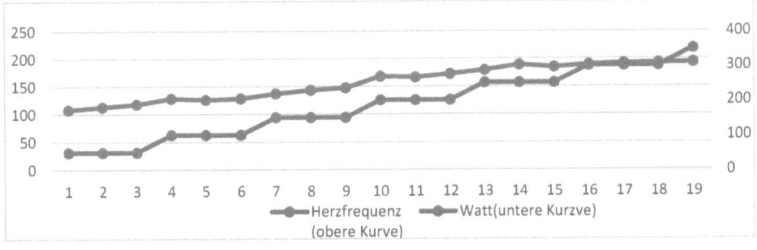

1.2.3 Bewertung der Testergebnisse

Der Test auf dem Fahrradergometer wurde mit einer Eingangsbelastung von 50 Watt gestartet. Darauf folgt eine Steigerung von 50 Watt alle 3 Minuten. Der Kunde fuhr bis zur subjektiven Ausbelastung. Diese wurde nach 30 Sekunden der Stufe 350 Watt mit einer Herzfrequenz von 198 Schlägen pro Minute erreicht. Anhand der Herzfrequenzkurve, die zum Schluss etwas abflacht lässt sich schließen, dass der Kunde sich komplett ausbelastet hat.

Gewertet wird die Stufe, die der Proband voll ausgefahren hat. In diesem Fall 300 Watt. Dies gibt auf sein Gewicht gerechnet eine relative Soll-Watt-Leistung von 4,16 Watt/kg Körpergewicht.

1.3 Gesundheits- und Leistungsstatus der Person

Da die Testperson sich nicht in ärztlicher oder medikamentöser Behandlung befindet und sich alle relevanten Biometrischen Daten (Tabelle 2) innerhalb der Normwerte befinden, ist der Kunde völlig trainierbar und belastbar. Der Kunde wurde durch den Leistungstest (Vita Maxima Test) als Freizeit oder Breitensportler eingeordnet. Dies entspricht annähernd dem, was man ihm zusprechen kann. Da er einige Wettkämpfe bestreitet, tendiert er in Richtung Leistungssportler. Daraus kann man schließen, dass er noch Potential hat sich zu Steigern.

2   Zielsetzung/Prognose

Um die Motive des Sportlers zu konkretisieren, werden diese in der nachfolgen Tabelle als konkrete Ziele aufgeführt. Dabei wird das Ziel in Inhalt, Ausmaß und Zeit unterteilt.

Tabelle 4: Zielsetzung

	Inhalt	Ausmaß	Zeit
1. Ziel	Steigerung der Watt pro Kilogramm Leistung	Steigerung der Watt pro Kilogramm um mindestens 0.84. Somit würde er als Leistungssportler gewertet werden	6 Monate
Begründung	Der Kunde möchte in der nächsten Saison stärker sein als er Ende des Jahres aufgehört hat und möchte nächstes Jahr auch wieder einige Wettkämpfe bestreiten, welche eine Länge von 1-2h haben. Somit ist das Ziel die Watt/kg Leistung zu Steigern gut, um in den folgenden Rennen bessere Ergebnisse zu fahren.		
	Inhalt	Ausmaß	Zeit
2. Ziel	Körperfett Reduktion	4%	6 Monate
Begründung	Das Gewicht spielt nachher beim Leistungstest (Watt pro Kilogramm) und bei den Wettkämpfen eine enorme Rolle. So kann noch eine Bessere Watt/kg Leistung erzielt werden. Unter 5% sollte er allerdings nicht gehen, da das Gesundheitliche Nachteile mit sich bringen kann. Vor allem im Winter wird man dadurch anfälliger für Erkältungen etc.		
	Inhalt	Ausmaß	Zeit
3. Ziel	Ruhepuls senken	4 Schläge	6 Monate
Begründung	Am Ruhepuls kann man sehr gut sehen, wie leistungsfähig und ökonomisch das Herz-Kreislauf System des Probanden arbeitet. So ist das ein guter Anhaltspunkt für eine Leistungssteigerung. Außerdem hat es sehr viele gesundheitliche Vorteile und entlastet den Körper.		

3   Trainingsplanung Mesozyklus

3.1 Grobplanung Mesozyklus

Tabelle 5: Grobplanung Mesozyklus

Dauer	6 Wochen
Trainingsziel	Entwicklung der Grundlagenausdauer
Trainingsumfang	195-345 min Wöchentlich
Trainingsmethoden	- regenerative Dauermethode - extensive Dauermethode - intensive Dauermethode - variable Dauermethode - extensive Intervallmethode
Trainingsintensität	- regenerative DM: 40-45% $Hf_{reserve}$ - extensive DM : 60-65% $Hf_{reserve}$ - intensive DM: 70-80% $Hf_{reserve}$ - variable DM: 60-80% $Hf_{reserve}$ - extensive IM: 80-85% $Hf_{reserve}$
Trainingshäufigkeit	3-4x Wöchentlich
Dauer der Einheiten	- 45 min - regenerative Dauermethode - 75 - 150 min - extensive Dauermethode - 45- 60 min - intensive Dauermethode - 60- 90 min - variable Dauermethode - 45-60 min - extensive Intervallmethode
	-
Trainingsgeräte	Fahrrad (draußen), Spinning Rad, Laufband

3.2 Detailplanung Mesozyklus

Wie oben schon zu erkennen werden die Trainingsherzfrequenzen ($Hf_{reserve}$) mit der Karvonen Formel berechnet.

Karvonen Formel: Thf = (Hf_{max} − Hf_{Ruhe}) x Intensität in Prozent + Hf_{Ruhe}

Thf = Trainingsherzfrequenz

Hf_{max} = maximale Herzfrequenz

Hf $_{Ruhe}$ = Ruheherzfrequenz

Hf $_{Reserve}$ = Hf $_{max}$ − Hf $_{Ruhe}$ = Herzfrequenzreserve

z.B. Thf = (196 S/min − 49 S/min) x 0,65 + 49 S/min = ca. 145 S/min

Alle nachfolgenden Herzfrequenzen werden wie eben beschrieben berechnet.

Bei allen Prozentualen Herzfrequenz Angaben ist die Hf $_{Reserve}$ gemeint.

In der nachfolgenden Tabelle sind nun alle Trainings des 6 Wöchigen Mesozyklus ersichtlich.

Der Zusatz bei der Variablen Dauermethode bedeutet: (zeitlicher Anteil extensiv/ zeitlicher Anteil intensiv).

Bei den extensiven Intervallen handelt es sich um Langzeitintervalle mit einer lohnenden Pause von bis zu 3 min. (Hf Senkung auf <135 S/min). Die Beschreibung in der Tabelle wird in verkürzter Form aufzufinden sein: (Anzahl der Intervalle/ Länge der Intervalle in Minuten)

Tabelle 6: Trainingsplan Woche 1

Woche 1	Mo	Mi	Fr	So
Trainingsziel	Aufbau und Stabilisierung GA1	Entwicklung und Stabilisierung GA1+2	Entwicklung und Stabilisierung GA1+2	
Trainingsmethode	Extensive DM	Variable DM	Intensive DM	
Intensität (Hf$_{reserve}$)	60-65%	Extensiv: 60-65% / Intensiv: 70-75%	70-75%	
Herzfrequenz	137-145	Extensiv: 137-145 Intensiv: 151-159	151-159	
Dauer	90 min	60 min (6:4)	45 min	
Gerät	Fahrrad	Spinning	Spinning	

Tabelle 7: Trainingsplan Woche 2

Woche 2	Mo	Mi	Fr	So
Trainingsziel	Aufbau und Stabilisierung GA1	Entwicklung und Stabilisierung GA1+2	Entwicklung und Stabilisierung GA1+2	Aufbau und Stabilisierung GA1
Trainingsmethode	Extensive DM	Variable DM	Intensive DM	Extensive DM
Intensität (Hf$_{reserve}$)	60-65%	Extensiv: 60-65% / Intensiv: 70-75%	70-75%	60-65%
Herzfrequenz	137-145	Extensiv: 137-145 Intensiv: 151-159	151-159	137-145
Dauer	75 min	60 min (6:4)	45 min	60 min
Gerät	Fahrrad	Spinning	Spinning	Laufband

Tabelle 8: Trainingsplan Woche 3

Woche 3	Mo	Mi	Fr	So
Trainingsziel	Aufbau und Stabilisierung GA1	Entwicklung und Stabilisierung GA1+2	Entwicklung und Stabilisierung GA1+2	Rekom
Trainingsmethode	Extensive DM	Variable DM	Intensive DM	Regenerative DM
Intensität (Hf$_{reserve}$)	60-65%	Extensiv: 60-65% Intensiv: 70-75%	70-75%	40-45%
Herzfrequenz	137-145	Extensiv: 137-145 Intensiv: 151-159	151-159	109-115

Dauer	90 min	70 min (5:5)	50 min	45 min
Gerät	Fahrrad	Spinning	Spinning	Laufband

Tabelle 9: Trainingsplan Woche 4

Woche 4	Mo	Mi	Fr	So
Trainingsziel	Aufbau und Sta-bilisierung GA1	Entwicklung und Stabilisie-rung GA1+2	Entwicklung GA2	Regeneration
Trainingsmethode	Extensive DM	Variable DM	Extensive IM	Regenerative DM
Intensität (Hf$_{reserve}$)	60-65%	Extensiv: 60-65% Intensiv: 75-80%	Auf und Ab-wärmen: 60-65% Intervall: 80-85%	40-45%
Herzfrequenz	137-145	Extensiv: 137-145 Intensiv: 159-166	Auf und Ab-wärmen: 137-145 Intervall: 166-174	109-115
Dauer	110 min	80 min (5:5)	45 min (5/3)	45 min
Gerät	Fahrrad	Fahrrad	Spinning	Laufen drau-ßen

Tabelle 10: Trainingsplan Woche 5

Woche 5	Mo	Mi	Fr	So
Trainingsziel	Aufbau und Sta-bilisierung GA1	Entwicklung und Stabilisie-rung GA1+2	Entwicklung GA2	Rekom
Trainingsmethode	Extensive DM	Variable DM	Extensive IM	Regenerative DM

Intensität (Hf$_{reserve}$)	60-65%	Extensiv: 60-65% Intensiv: 75-80%	Auf und Abwärmen: 60-65% Intervall: 80-85%	40-45%
Herzfrequenz	137-145	Extensiv: 137-145 Intensiv: 159-166	Auf und Abwärmen: 137-145 Intervall: 166-174	109-115
Dauer	120 min	90 min (5:5)	60 min (6/3)	45
Gerät	Fahrrad	Spinning	Spinning	Laufband

Tabelle 11: Trainingsplan Woche 6

Woche 6	Mo	Mi	Fr	So
Trainingsziel	Aufbau und Stabilisierung GA1	Entwicklung und Stabilisierung GA1+2	Entwicklung GA2	Rekom
Trainingsmethode	Extensive DM	Variable DM	Extensive IM	Regenerative DM
Intensität (Hf$_{reserve}$)	60-65%	Extensiv: 60-65% Intensiv: 75-80%	Auf und Abwärmen: 60-65% Intervall: 80-85%	40-45%
Herzfrequenz (S/min)	137-145	Extensiv: 137-145 Intensiv: 159-166	Auf und Abwärmen: 137-145 Intervall: 166-174	109-115
Dauer	150min	90 (5:5)	60min (6/3)	45
Gerät	Fahrrad	Spinning	Spinning	Laufband

3.3 Begründung zum Mesozyklus

3.3.1 Begründung zum angestrebten wöchentliche Belastungsumfang

In der nachfolgenden Tabelle sind die Belastungsumfänge der 6 Wochen zu sehen.

Tabelle 12: wöchentlicher Belastungsumfang

Woche	1	2	3	4	5	6
Anzahl Einheiten	3	4	4	4	4	4
Gesamtzeit in min.	195	240	255	280	315	345

Der wöchentliche Trainingsumfang ist zuerst einmal an der bisherigen Aktivität von 180-360 min Training in der Woche+ 10-15 Wettkämpfe im Sommer fest gemacht.(siehe Tabelle 1).

3.3.2 Begründung zu den ausgewählten Trainingsmethoden

Extensive Dauermethode:

Diese Methode wurde gewählt um die Grundlagenausdauer 1 des Probanden zu verbessern. Diese ist die Grundlage für jede Ausdauerleistung. Sie ist gekennzeichnet durch eine lange niedrige Belastung, also einen hohen Umfang und eine geringe Intensität. Durch eine Ökonomisierung der Herzarbeit senken wir auf längere Zeit den Ruhepuls immer weiter. Durch diese Methode wird auch die Fettverbrennung verbessert, da dieser mit zunehmender Dauer vermehrt als Energielieferant in Anspruch genommen wird, welcher vor allem bei einer Ausdauerleistung >1h leistungsbestimmend ist (Zintl & Eisenhut, 2013, S.119).

Intensive Dauermethode:

Diese Methode bewirkt eine Verbesserung der aeroben und anaeroben Leistungsfähigkeit. Die anaerobe Schwelle bzw. Laktat-Steady-state (Laktat Produktion und Abbau in gleicher Menge) wird damit also angehoben. Dies bewirkt, dass unser Proband eine noch höhere Leistungsfähigkeit über einen langen Zeitraum abrufen kann. Außerdem erfolgt eine Bessere Kapillarisierung der Muskulatur. Somit wird er gut auf seine intensiven Wettkämpfe vorbereitet. Gleichzeitig ist dadurch eine höhere Abbruchleistung beim Folgetest zu erwarten (Zintl & Eisenhut, 2013, S.119).

<u>Variable Dauermethode:</u>

Bei dieser Methode wechselt sich die Extensive DM mit der Intensiven DM ab. Mit dieser Methode kommt man dem Mountainbike Radsport schon relativ nahe, da sich Bergauf und Bergab Abschnitte bei einem Wettkampf abwechseln. So wird die variierende Belastung gut trainiert. Die Anpassungseffekte stimmen mit denen der Extensiven und Intensiven Dauermethode überein, treten aber nicht so ausgeprägt aus (Zintl & Eisenhut, 2013, S.120).

<u>Extensive Intervallmethode:</u>

Dadurch, dass der Proband schon seit mehreren Jahren Radsport betreibt und das auch im Hochintensiven Bereich, sollte man diese Intervallmethode nutzen. Hierbei erfolgt nach Zintl & Eisenhut (2013, S.117) eine Erweiterung der aeroben Kapazität und eine Anhebung der Individuellen anaeroben Schwelle durch verbesserte Laktatelimination. Dies ist wie schon beschrieben für eine höhere Leistung über einen langen Zeitraum wichtig. Das führt auch zu einer höheren Abbruchleistung beim Vita Maxima Test. Dazu kommt, dass intensives Training auch zu einer mentalen Gewöhnung an intensive Belastungen führt (Weineck, 2010, S.274). Somit hat unser Proband ein Vorteil bei Wettkämpfen.

3.3.3 Begründung zur Belastungsprogression

Die Grundlegende Regel der Belastungsprogression ist: Häufigkeit vor Umfang vor Intensität (Zintl & Eisenhut, 2009, S.18). Die Einhaltung dieses Grundsatzes ist an den Tabellen 4-9 zu erkennen. Zuerst wird von Woche 1 (3 Einheiten) zu Woche 2 (4 Einheiten) die Trainingshäufigkeit erhöht. Durch die neue 4. Einheit wird der Umfang bei der Extensiven Dauermethode etwas gesenkt, um den wöchentlichen Umfang nicht zu sehr zu erhöhen. Anschließend wird der Umfang der Trainingseinheiten Stück für Stück erhöht. Zum Schluss dann auch die Intensität. Ab Woche 3 ist ein Mal die Woche eine Rekom Einheit geplant. Diese ist wichtig, damit der Körper für die nächsten Einheiten wieder erholt ist. Gerade ab der 4. Woche ist diese Rekom Einheit sehr wichtig, da ab hier jede Woche einmal extensive Intervalle gefahren werden. Das optimale Verhältnis zwischen Be- und Entlastung liegt bei 2:1 oder 3:1 (Zintl & Eisenhut, 2009, S.20). Hier findet sich das Verhältnis 3:1 wieder, da der Sportler bereits einige Trainingsjahre hinter sich hat.

3.3.4 Begründung zu den angesteuerten Trainingsbereichen

Nach Zintl & Eisenhut (2009, S.112) unterscheidet man 4 Trainingsbereiche. Den Kompensationsbereich, Grundlagenbereich 1, Grundlagenbereich 2 und den Wettkampfspezifischen Bereich. Es sind alle Bereiche außer der wettkampfspezifischen Bereich im Mesozyklus enthalten, da wir uns noch in der Saison – Vorbereitungsphase befinden und zuerst die anderen Bereiche weiter ausbilden sollten. Die Trainingsbereiche unterscheiden sich durch die verschiedenen Belastungsintensitäten als auch Umfang, Dauer und Pausen (Zintl & Eisenhut, 2009, S.111). Zur Verbesserung der aeroben Leistungsfähigkeit wurden also die extensive und variable Dauermethode eingesetzt. Um die Grundlagenausdauer weiter zu entwickeln und die aerob anaerobe Leistungsfähigkeit zu verbessern wurde die variable und intensive Dauermethode als auch die extensive Intervallmethode eingesetzt. Durch die regenerative Dauermethode konnten die 3 intensiven Einheiten der Woche besser kompensiert werden. Somit verkürzt sich die Regenerationszeit und die Belastbarkeit für Folgenden Einheiten verbessert sich.

3.3.5 Begründung der ausgewählten Trainingsgeräte bzw. Bewegungsformen

Aufgrund der aktuellen und früheren Aktivitäten findet das Training überwiegend auf dem Fahrrad oder Spinning Bike statt. Dadurch, dass der Proband ab und zu Laufen geht konnte dies gut als Alternative oder für Rekom Einheiten eingebaut werden. Außerdem gilt laufen nach Zintl & Eisenhut (2009, S.143) als die ideale Bewegungsform. Da aber auch die Wettkämpfe auf dem Rad stattfinden und hier bessere Trainingsmöglichkeiten durch das eigene Rad bestehen, wird dieses trotzdem überwiegend genutzt.

4   Literaturrecherche

Tabelle 13: Literaturrecherche "Effekte von Ausdauertraining bei arterieller Hypertonie"

	Studie I	Studie II
Wer hat die Studie wann durchgeführt?	Vlatsas, Stergios – Universitätsmedizin Berlin, 2015	Timm H. Westhoff, Sven Schmidt, Viola Gross, Marian Joppke, Walter Zidek, Markus van der Giet, Fernando Dimeo, 2008
Welche Forschungsfrage wurde untersucht?	Kardiovaskuläre Effekte eines aeroben versus eines isometrischen Trainings bei arterieller Hypertonie	Auswirkungen von aerobem Training der oberen Extremitäten auf Herz und Gefäße bei Bluthochdruckpatienten

Mit welchen Versuchspersonen wurden die Studien durchgeführt?	70 Patienten mit bekannter medikamentös behandelter arterieller Hypertonie oder Blutdruck von >140/90 mmHg ohne medikamentöse Therapie	24 Probanden (13 weiblich, 11 männlich) mit einem Systolische Bluthochdruckwert von mind. 140 mmHg. Einteilung in 2 Gruppen (Trainingsgruppe und Kontrollgruppe). Auschlusskriterien: sportliche Betätigung von >60 min / Woche in den letzten 12 Wochen vor Studienbeginn, bekannte Aorteninsuffizienz o. Stenose höher als Phase I, Herzmuskelerkrankungen, kognitives Herzversagen, unkontrollierte Herzrythmusstörungen, systolischer Bluthochdruck mit Messwerten von >180 mmHg, Anzeichen akuter Ischämie beim EKG, Änderung Medikamenteneinahme gegen arterielle Hypertonie sechs Wochen vor o. während Studienbeginn.
Wie sah der Versuchsaufbau der Studien aus?	Einteilung in 3 Gruppen: Gruppe 1: 25 Patienten, die über Zeitraum von 12 Wochen 5x Woche isometrisches Training machten (30% der Maximalkraft) Gruppe 2: 23 Patienten, die nach gleichem Schema trainierten wie Gruppe 1, jedoch an einem Placebo-Gerät (5% der Maximalkraft) Gruppe 3: 22 Patienten, die 5x Woche 30-45 min aerobes Ausdauertraining machten. Während der kompletten Zeit keine zusätzliche Intervention	Ergometertraining unterer u. oberer Extremitäten, Blutdruckmessungen, Bewertung Endothelfunktion und Messung der Gefäßwandelastizität während der 12 Wochen. Ausdauertrainingstest: Eingangsbelastung 25 Watt, Steigerung alle 3 min um 25 Watt bis der Proband erschöpft. Anschließend Messung Laktatkonzentrationsmessung; zusätzliche HF- und Bluthochdruckmessung während Belastung. Danach zweiter Test mit Arm-/Oberkörpertraining. Start hier mit 12,5 Watt und Geschwindigkeit von 80-90 Umdrehungen/min. Erhöhung der Intensität alle 3 min um 12,5

	oder Änderung der Medikation.	Watt bis zur Erschöpfung. Zusätzlich gleiche Messungen wie bei Test 1. A-Übungen 3x pro Woche durchgeführt, insgesamt 36 Einheiten. Dauer pro Training 30 min, dabei 15 Intervalle mit jeweils 1 min Belastung und 1 min Pause; ab Woche zwei 10x2 min; 3. Und 4. Woche 8 x 3 min; in Woche 5 & 6 3 x 6 min; Woche 7 & 8 2 x 12 min und in Woche 9 & 10 2 x 15 min; Woche 11 und 12 30 min ohne Unterbrechung. Ziel war Belastung mit Laktatkonzentration von $2{,}0 \pm 0{,}5$ mmol/l in Kapillargefäßen mit 80 & 90 U/min
Welche relevanten Schlussfolgerungen und Ergebnisse lieferten die Studien?	Senkung des systolischen und diastolischen Blutdrucks in Gruppe 3 von systolisch 129 mmHg auf 122 mmHg und diastolisch von 79,5 auf 76,7. Zusätzlich Verbesserung Elastizitätsindices der kleinen und großen Gefäße und Abfall des totalen peripheren Widerstands Isometrisches Training in Gruppe 1 und 2 sorgte nicht für Veränderung	Senkung systolischer (134-127 mmHg) und diastolischer Blutdruck (73,0-67,1 mmHg) bei Trainingsgruppe, jedoch keine Veränderung bei Kontrollgruppe; keine Veränderung bei beiden Gruppen in Bezug auf Ruhepuls, Augmentationsindex, Füllung Großarterien; Verbesserung C2; keine Änderung von C1, AI und FMD; ebenfalls keine Veränderung von Laktatkonzentration und Herzfrequenz während Test der unteren Extremitäten, jedoch Zunahme Belastbarkeit von oberen Extremitäten → Regelmäßiges aerobes Training oberer Extremitäten senkt Blutdruck

5 Literaturverzeichnis

Gallagher, D., Heymsfield, S. B., Heo, M., Jebb, S. A., Murgatroyd, P. R., & Sakamoto, Y. (2000). Healthy percentage body fat ranges: an approach for developing guidelines based on body mass index. American Journal of Clinical Nutrition

Vlatsas, S. (2015). Kardiovaskuläre Effekte eines aeroben versus eines isometrischen Trainings bei arterieller Hypertonie. Zugriff am 22.01.2020. Verfügbar unter: https://refubium.fu-berlin.de/handle/fub188/1246

Weineck, J. (2003). Ausdauertraining. Trainingssteuerung über die Herzfrequenz- und Milchsäurebestimmung. Balingen: Spitta Verlag GmbH & Co. KG.

Weineck, J. (2010). Optimales Training. Leistungsphysiologische Trainingslehre unter besonderer Berücksichtigung des Kinder- und Jugendtrainings. (16. durchgesehene Ausg.). Balingen: Spitta Verlag GmbH & Co. KG.

Westhoff et al. (2008), Auswirkungen von aerobemTraining der oberen Extremitäten auf Herz und Gefäße beiBluthochdruckpatienten, Journal of Hypertension 2008; Vol 26 Nr. 7. Online Zugriff am 22.01.2020 unter: http://motomed-rehabilitacion.es/fileadmin/user_upload/Studien/bluthochdruck_de_vt_westhoff_motomed_1.pdf

Zintl, F., & Eisenhut, A. (2009). Ausdauertraining: Grundlagen- Methoden- Trainings- steuerung (7 Überarbeitete Auflage). München: BLV Sportwissen.

Zintl, F., & Eisenhut, A. (2013). Ausdauertraining: Grundlagen- Methoden- Trainings- steuerung (8. Überarbeitete Auflage). München: BLV Sportwissen.

6 Abbildungs- und Tabellenverzeichnis

6.1 Abbildungsverzeichnis

6.2 Tabellenverzeichnis